Les Cocktails
Vitamines

Chantal et Lionel CLERGEAUD

Les Cocktails Vitamines

« Connaître et utiliser minéraux et vitamines »

Illustrations : L. Clergeaud

Cuisine & Santé

Avenue du Général-de Gaulle
14110 Condé-sur-Noireau

DES MÊMES AUTEURS

Aux éditions ÉQUILIBRES AUJOURD'HUI

- ### Collection Cuisine-Santé

  Les Céréales
  Tartes en fête
  Galettes de toujours
  Les pâtés végétaux
  La cuisine au Tofu
  Les graines germées
  Les fruits Energie
  Les fruits du soleil
  Salades au naturel
  Cocotte de légumes
  A la bonne soupe
  Corbeille de fruits
  Fèves et pois
  L'alimentation saine en 13 leçons
  85 recettes autour du monde
  L'alimentation naturelle du nourisson
  Les délices de la ruche
  A l'huile ou au beurre ?
  La cuisine au fromage
  Cuisine-Santé en Provence
  Les aliments fermentés
  La cuisine Végatalienne
  Gâteaux, Cakes et Fantaisies

- ### Collection Bien-être et Santé

  L'argile et la dolomite
  On... nous empoisonne!

- ## Aux Éditions CEVIC

  Nouvelles recettes pour une alimentation saine
  L'obésité
  Troubles des voies respiratoires
  Le pollen
  Le soja

- ## Aux Éditions CALMAN LÉVY

  La cuisine naturelle des tout-petits

© Éditions Équilibres 1991
ISBN: 2-87724-090-8

A Gwendoline,
Lydwine
et Gwenwed

COLLECTION « CUISINE & SANTÉ
CRÉÉE PAR C. et L. CLERGEAUD

INTRODUCTION

Notre corps pour bien vivre a besoin d'un certain nombre de nutriments. Les plus connus sont bien sûr les protides, les glucides et les lipides. Mais seuls, ils ne sont rien.

Le corps humain ne peut les utiliser sans les transformer en éléments plus simples.

Interviennent alors comme support de toutes nos réactions métaboliques indispensables à l'assimilation des protides, glucides et lipides des éléments microscopiques : vitamines et minéraux.

Nous avons souvent tendance à les oublier.

Sans eux pas de vie possible.

Pour ne pas tomber dans un scientisme trop hermétique et faciliter cette prise de conscience vis-à-vis de l'infiniment petit, nous avons choisi comme support de cette étude : Les cocktails.

Cocktails sans alcool, évidemment, élaborés uniquement à partir de jus de fruits et de légumes.

Tour à tour énergétiques, stimulants ou apéritifs, ces cocktails enchanteront vos fêtes familiales et réunions entre amis, de couleurs et saveurs nouvelles alliant ainsi le plaisir des yeux à celui des sens.

Ajoutons ainsi au symbole de l'amitié et du plaisir partagé celui de la santé retrouvée et conservée !

VITAMINES ET MINÉRAUX :
OU LES TROUVER ?
COMMENT ÉVITER LES CARENCES ?

LES VITAMINES

Les vitamines, nous ne pouvons plus l'ignorer, sont (au même titre que de nombreux autres micro-éléments) indispensables au maintien de notre santé.

Nos industriels l'ont bien compris, puisqu'aujourd'hui il n'est guère de produits qui, dans un but malheureusement purement commercial, ne soit vanté pour sa teneur ou son enrichissement en vitamines. Ce terme, forgé par Kasimierz FUNK en 1910, suite à la découverte dans la cuticule du riz d'une substance (vit. B1) apte à combattre le béri-béri, englobe aujourd'hui l'ensemble de ces éléments vitaux dont notre corps ne peut assurer la synthèse.

Depuis, vitamines hydrosolubles (solubles dans l'eau) et liposolubles (solubles dans un corps gras) nous ont livré grand nombre de leurs secrets et les relations existantes entre apparitions de certaines pathologies et carences vitaminiques ne sont plus mises en doute. Faut-il ensuite savoir choisir les vitamines dont nous avons besoin et la façon de les absorber.

D'où viennent-elles ?

Les vitamines sont « fabriquées » dans le sol par certaines bactéries. Elles sont ensuite absorbées par les végétaux puis finalement par l'homme. En fonction de ses besoins, celui-ci va soit les utiliser rapidement, soit les stocker au niveau de nos glandes et organes : cortico-surrénales (A et C), cœur (B1), foie (A et B1), reins (B1) etc...

Quel est leur rôle ?

Les vitamines sont des catalyseurs.

Par leur seule présence, elles permettent aux réactions métaboliques (assimilation et désassimilation) de s'effectuer.

Elles favorisent la dégradation de nos aliments (protides, glucides et lipides) et leur transformation en énergie (activité musculaire ou matériaux de construction, cellules).

Vitamines de synthèse ou vitamines naturelles ?

En quelques années, l'essor de la vitaminothérapie a permis la mise en place d'un véritable marché au sein duquel il est très difficile de distinguer le vrai du faux.

Essayons de voir ce qui différencie une vitamine synthétique d'une vitamine naturelle :

1 - Les vitamines de synthèse :

Recréées artificiellement en laboratoire, elles sont souvent prescrites à haute dose pour combattre certaines carences particulièrement graves.

Une utilisation désordonnée de ces vitamines peut être cause d'hypervitaminose avec apparition de nombreux troubles : anorexie, fatigue, insomnie, hypertension, déminéralisation etc...

2 - Les vitamines naturelles :

Elles font partie de complexes vivants regroupant minéraux, oligo-éléments et autres vitamines.

Une synergie en résulte où chaque élément, pour une efficacité maximum, nécessite la présence d'éléments complémentaires.

Ainsi :

• La vitamine B6 participe à l'assimilation de la vitamine B12.
• La vitamine E favorise l'utilisation de la vitamine A.
• L'effet de la vitamine E est renforcé par la présence de Sélénium (oligo-élément).
etc...

Les antivitamines :

La cause d'une carence vitaminique n'est pas, systématiquement, la non-absorption d'une vitamine spécifique.

De nombreux aliments, médicaments, additifs alimentaires nécessitent pour être métabolisés une proportion importante de vitamines puisées sur nos propres réserves.

Ces substances se conduisent comme de véritables pompes vitaminiques, altérant ou détruisant totalement l'activité biochimique des vitamines. La cause n'est plus à rechercher dans l'apport mais dans l'utilisation. Notre façon de nous alimenter ou de nous soigner n'est pas anodine. De notre choix dépend notre santé.

TABLEAU DES ALIMENTS ET SUBSTANCES ANTIVITAMINES LES PLUS COURANTS

ALCOOL	A, B1, B9 et C
ANTIBIOTIQUES	En détruisant la flore intestinale, ils occasionnent des pertes en vitamines B3, B5, B9, C, H, I, K et P
ASPIRINE	B5, C, K et P
BLANC D'ŒUF CRU	B1
CAFÉ	A et B
CORTISONE	C et P
HUILE DE PARAFFINE	A, E et K
LAXATIFS	B12, D, E et K
PILULE CONTRACEPTIVE	B6, B9, B12 et C
POISSON CRU	B1
RAYONS X	F et K
SOMNIFERES	B9 et C
TABAC	B et C
VIANDE (excès)	B6
VIN (sulfitage)	B
E 150 (colorant caramel)	B6
E 220 (conservateur destiné aux vins, bières, cidres et jus de fruits)	E
E 223, E 226 et E 227 (conservateurs utilisés dans les vins et boissons fermentées). Ne sont pas mentionnés sur étiquettes par suite de dérogation.	B1
E 320 (antioxydant pour flocons de pommes de terre des purées déshydratées).	D

Destruction des vitamines :

Les aliments et principalement les fruits et les légumes nous fournissent toutes les vitamines indispensables.

Encore faut-il que ces substances très sensibles ne soient pas altérées par différents traitements physiques ou chimiques.

TABLEAU DES PRINCIPALES CAUSES D'ALTÉRATION VITAMINIQUE	
vit. A (L)	Elle est détruite par : • La lumière et l'oxygène de l'air • En présence de vitamine E, la vitamine A est moins rapidement altérée. • Détruite à la cuisson dès 90°.
vit. B1 (H)	Craint les rayons ultraviolets. Les vitamines du groupe B supportent généralement bien les cuissons jusqu'à 120°.
vit. B2 (H)	Craint les rayons ultraviolets. Très peu soluble comparée à la vitamine B1.
vit. B3 (H)	Une des vitamines les plus stables.
vit. B5 (H)	Supporte mal la chaleur et les milieux trop acides ou basiques.
vit. B6 (H)	Détruite à la lumière en milieu neutre ou basique.
vit. B9 (H)	Craint les rayons ultraviolets et les milieux acides.
vit. B12 (H)	Supporte mal les cuissons prolongées.
vit. C (H)	Très rapidement altérée par l'oxygène de l'air. La vitamine C est détruite à la cuisson dès 60°.
vit. D (L)	Elle est détruite par les acides, la lumière et l'oxygène de l'air.
vit. E (L)	Très sensible à l'oxygène de l'air et à la lumière. Elle est détruite à la cuisson dès 90°.
vit. H (H)	Résiste à des cuissons dépassant 100° si elle est en milieu neutre. Par contre elle supporte mal les rayons ultraviolets et l'oxygène de l'air.
vit. K (L)	Relativement stable mais ne supporte pas des températures dépassant 90°.
L :	Vitamine liposoluble.
H :	Vitamine hydrosoluble. Attention ! Solubles dans l'eau, elles sont facilement entraînées dans l'eau de lavage ou de cuisson.

Existe-t-il des allergies aux vitamines ?

Il n'existe pas de cas connu d'allergies aux vitamines sauf aux vitamines synthétiques.

Si les vitamines elles-mêmes ne sont pas incriminées, il n'en est pas de même des excipients et colorants utilisés.

Des aliments carencés.

Depuis de nombreuses années, nous luttons afin de promouvoir une alimentation saine, riche en produits complets.

Ceci n'est pas uniquement une affaire de goût, mais aussi une recherche de qualité.

La grande majorité des aliments commercialisés est aujourd'hui raffinée (et même deux fois pour certaines huiles).

Nous assistons alors à un phénomène totalement paradoxal : notre suralimentation s'accompagne de troubles pathologiques dûs à de micro-carences alimentaires. La cause première en est l'élimination, au cours du raffinage, des éléments vitaux (minéraux, vitamines, enzymes) de nos aliments.

La loi du minimum :

Enoncée par LIEBIG, la loi du minimum nous dit : « Le développement des êtres vivants est réglé par l'apport de n'importe lequel d'entre les éléments qui se trouve en quantité minimale. »

Ceci signifie que la croissance (et la santé) d'un individu est fonction de l'élément apporté en moindre quantité.

Ainsi, un apport complémentaire en vitamine A par exemple, reste sans grande valeur s'il n'est pas associé à d'autres éléments vitaminiques. D'où l'intérêt dans ce cas d'une cure de jus à action synergétique. L'apport important en vit. A du cocktail choisi est dynamisé par la présence d'autres éléments vitaminiques.

Rappelez-vous :
En cas de carences vitaminiques, le métabolisme des protides, glucides et lipides ne peut se faire correctement.

PROPRIÉTÉS ET INDICATIONS
DES PRINCIPALES VITAMINES
(se reporter également au tableau p.13)

VITAMINE A ou RETINOL (L)

Elle se présente sous deux formes :
• Le carotène, encore appelé provitamine A, transformé au niveau du foie.
• La vitamine A proprement dite (ou rétinol) présente dans de très nombreux aliments.
Vitamine importante, elle sera de plus en plus utilisée dans la lutte contre le cancer.

Propriétés : anticancer, anti-infectieuse, anti-exophtalmique, facilite la cicatrisation, indispensable à la vue, nécessaire au développement osseux, à la protection de la peau et des muqueuses.

Indications : acné, anémie, cancer, carie dentaire, chute des cheveux, eczéma, hypertension, insomnie, lithiase rénale et urinaire, oreillons, otite, rachitisme, rougeole, stérilité, troubles de la vue, ulcère variqueux.

Quelques aliments riches en vitamine A : betterave rouge, blé germé, brocoli, carotte, cerise, chou, huiles alimentaires, raisin, tomate.

VITAMINE B1 ou THIAMINE (H)

La vitamine B1 régule le métabolisme des sucres. Son rôle est de première importance dans la transmission de l'influx nerveux.

Propriétés : antalgique, antinévritique, assure la transmission de l'influx nerveux, régularise le cœur et la tension, stimulante.

Indications : alcoolisme, anorexie, arthrite, constipation, crampes, énurésie, hémorroïdes, impuissance, sclérose en plaques, spasmophilie, zona.

Quelques aliments riches en vitamine B1 : blé germé, carotte, céréales germées, chou, levure de bière, orange, pollen.

VITAMINE B2 ou RIBOFLAVINE (H)

Tout comme la vitamine A, elle est nécessaire à la vue, diurne et nocturne. Elle intervient au cours de la croissance du fœtus, puis de l'enfant. Une carence en vitamine B2 n'est pas évidente. Le seul signe qui peut vous mettre sur la voie est l'apparition de fissures aux commissures labiales ou perlèche.

Propriétés : indispensable aux systèmes nerveux et respiratoire, à la respiration cellulaire et à la régénération tissulaire.

Indications : desquamation, asthme, fissures des lèvres, eczéma, chute des cheveux, conjonctivite, cataracte, crampes musculaires, troubles de la vue, tétanie.

Quelques aliments riches en vitamine B2 : blé germé, céréales germées, levure de bière, pollen, raisin, cassis, cerise, concombre, épinard, feuilles de radis, légumineuses.

VITAMINE B3 ou PP (H)

Elle joue un rôle important dans le transport de l'énergie fournie par la réaction métabolique.
La vitamine B3 facilite l'acheminement de l'oxygène vers les cellules.

Propriétés : facilite le métabolisme des graisses et des sucres, favorise la respiration cellulaire, vasodilatatrice.

Indications : acné, athérosclérose, bourdonnements d'oreilles, fatigue, dépression nerveuse, neurasthénie, sénescence, sénilité, troubles de la mémoire, vertiges.

Quelques aliments riches en vitamine B3 : abricot, banane, céréales complètes, chou, citron, datte, levure de bière, fruits secs, mélasse, petit lait, pomme, poire, prune, tomate.

VITAMINE B5 ou ACIDE PANTHOTENIQUE (H)

C'est la vitamine de la peau et des phanères. Elle facilite la repousse des cheveux.

Propriétés : cicatrisante, régénère les épithéliums, stimule certains anticorps.

Indications : asthénie, chute des cheveux, colites, crampes, eczéma, herpès, troubles hépatiques, ulcère d'estomac.

Quelques aliments riches en vitamine B5 : chou, miel, céréales germées, épinard, levure de bière, mélasse, miel, pollen, tomate.

VITAMINE B6 ou G (H)

La vitamine B6 intervient surtout dans la régulation du métabolisme des acides aminés. Plus nous consommons de la viande et plus les besoins en vitamine B6 sont importants.

Propriétés : antilithiasique, participe à la synthèse de l'hémoglobine, favorise la transmission de l'influx nerveux.

Indications : anémie, aphtes, cholestérol, convulsions chez l'enfant, dépression nerveuse de la femme, dermatoses, diabète, lithiases, obésité, troubles nerveux.

Quelques aliments riches en vitamine B6 : blé germé, céréales, chou, épinard, fruits frais et légumes verts, levure de bière, mélasse, orange, pollen, tomate.

VITAMINE B8 ou BIOTINE (H)

Possède des fonctions identiques à la vitamine B5.

VITAMINE B9 ou ACIDE FOLIQUE (H)

Intervient pour équilibrer la formule sanguine.

Propriétés : anti-anémique, anticancer, assure la régénération des hématies, participe au métabolisme des protides.

Indications : anémie de la grossesse et des enfants, poliomyélite, retard mental, syndrome, hémorragies diverses.

Quelques aliments riches en vitamine B9 : banane, betterave rouge, blé et autres céréales germées, carotte, chou, légumineuses, orange, pomme, salade.

VITAMINE B12 ou CYANOCOBALAMINE (H)

Pratiquement inexistante dans les végétaux, la vitamine B12 est néanmoins présente en quantité fort appréciable dans les algues et les graines germées.
De plus l'homme serait capable de la synthétiser au niveau intestinal.

Propriétés : antalgique, facilite la formation des hématies, protège la cellule nerveuse.

Indications : anémie, arthrose cervicale, asthénie, cirrhose, insuffisance pancréatique, névralgies diverses, retard de croissance, sclérose en plaques, sénescence, zona.

Quelques aliments riches en vitamine B12 : algues (spiruline), graines germées, jaune d'œuf, lait de soja, levure de bière.

VITAMINE B15 ou ACIDE PANGAMIQUE (H)

Vitamine antifatigue, elle active les phénomènes de respiration cellulaire.

Propriétés : antifatigue, détoxicante, régulatrice des fonctions hépatiques, cardio-vasculaires et nerveuses, stimulante.

Indications : fatigue musculaire, troubles sanguins et nerveux.

Quelques aliments riches en vitamine B15 : levure de bière, riz complet.

VITAMINE C ou ACIDE ASCORBIQUE (H)

La vitamine C est une des vitamines les plus importantes. Sans elle, pas de défense efficace contre les agressions microbiennes.

Propriétés : anticancer, antifatigue, antihémorragique, anti-infectieuse, antiscorbutique.

Indications : acné, anémie, angine, anorexie, arthrite, cancer, cirrhose, convalescence, diabète, fatigue, gingivite, grippe, ménopause, ongles cassants, pyorrhée, rhumatismes, stérilité, tuberculose, ulcères d'estomac, varices, zona.

Quelques aliments riches en vitamine C : cassis, cerfeuil, chou cru, ciboulette, citron, cresson, fenouil, mandarine, orange, persil, poivron vert.

VITAMINE D ou CALCIFEROL (L)

Vitamine antirachitique, elle favorise la fixation du calcium par l'organisme.

La plus grande partie de notre vitamine est synthétisée par notre peau à partir des rayons solaires.

Propriétés : favorise la croissance et le développement du système osseux. Régule le taux sanguin du calcium et du phosphore.

Indications : amaigrissement, carie dentaire, colite décalcification, eczéma, fractures, fragilité osseuse, grossesse ménopause, nervosisme, pyorrhée, rachitisme, ostéoporose spasmophilie, tétanie, tuberculose osseuse.

VITAMINE E ou TOCOPHEROL (L)

Vitamine du tonus musculaire et de la fécondité.

Propriétés : anti-oxydante, assure la perméabilité des capillaires, désintoxicante, favorise la fertilité, rééquilibrante des systèmes musculaire et nerveux.

Indications : allaitement, atrophie musculaire, avortement croissance, grossesse, hémorragie utérine, impuissance incontinence d'urine, ménopause, sénescence, stérilité, retard de puberté, troubles nerveux, musculaires et de la spermatogenèse.

Quelques aliments riches en vitamine E : algues amande, céréales germées, haricot blanc, huile d'olive noisette, œuf.

VITAMINE F ou ANTI-ECZEMATIQUE (L)

Ce terme réunit les acides gras insaturés présents dans les huiles alimentaires principalement (se reporter au tableau p. 13).

VITAMINE K ou ANTIHÉMORRAGIQUE (L)

Complexe vitaminique anti-hémorragique.

Propriétés : favorise la coagulation sanguine et la synthèse de prothrombine au niveau du foie.

Indications : cancer, cirrhose, colite, hématémèse, ictère du nouveau-né, hémorragies diverses, mélaena, R.A.A., rachitisme, troubles de la coagulation.

Quelques aliments riches en vitamine K : céréales germées, carotte, chou, fraise, huile de soja, lait, maïs, œuf, pomme de terre, riz complet.

TABLEAU DES APPORTS VITAMINIQUES QUOTIDIENS (en mg)

	Nouveau-né	6 mois	1 an	4 ans	10 ans	Adulte
A	0,12	0,18	0,27	0,45	0,90	2
B1	0,3	0,20	0,40	0,80	1,5	1,1 à 2
B2	0,40	0,40	0,70	1,5	1,8	1,5 à 2,5
B3	4	5 à 7	9	11	16	12 à 20
B5	3	3	5	7	9	10
B6	0,2	0,4	0,5	1	1,5	2 à 3
B12	0,0005	0,001	0,0015	0,002	0,002	0,002
C	35	25	30	30	40	70 à 75
E	3	5	7	10	10	10 à 15

Ces valeurs moyennes sont optimales. Les besoins vitaux minimaux sont inférieurs à ces données.

LES MINÉRAUX

Éléments présents dans la composition de tous les tissus de notre organisme (os, dents, sang, muscles, lymphe...), les minéraux se divisent en :
• Minéraux proprement dits (ou macro-éléments)
• Oligo-éléments (ou micro-éléments).

Les premiers au nombre de sept (calcium, chlore, magnésium, phosphore, potassium, sodium et soufre) furent très tôt mis en évidence par les physiologistes. Leur présence quantitative dans le corps humain (et dans tout organisme vivant) est en effet de très loin supérieure à celle des oligo-éléments. Quant à ces derniers, il faudra attendre les travaux de Gabriel BERTRAND (fin du XIXᵉ siècle - début du XXᵉ siècle) pour admettre leur existence, à l'état de traces, dans ces mêmes organismes.

TABLEAU RECAPITULATIF DES PRINCIPAUX MINERAUX ET OLIGO-ELEMENTS	
MINÉRAUX	Calcium, chlore, magnésium, phosphore, potassium, sodium, souffre
OLIGO-ÉLÉMENTS	Aluminium, argent, chrome, cobalt, cuivre, fer, fluor, iode, lithium, manganèse, molybdène, nickel, or, sélénium, vanadium, silicium, zinc.

D'où viennent-ils ?

Comme les vitamines, les minéraux nous sont fournis uniquement par les végétaux, soit directement (fruits, légumes, etc...), soit indirectement (viande, œuf, lait fromages...).

L'homme ne peut en aucun cas les synthétiser.

Le végétal puise dans le sol les minéraux dont il a besoin sous forme cristalloïde.

A leur passage, ces minéraux sont transformés en substances colloïdales assimilables par l'homme.

Une vitalisation se produit et s'inscrit dans le cycle que nous connaissons tous :

$$\text{MINÉRAL} \rightarrow \text{VÉGÉTAL} \rightarrow \text{ANIMAL} \rightarrow \text{MINÉRAL}$$

Un abus de minéraux sous forme cristalloïde (c'est-à-dire non transformée) peut entraîner des troubles plus ou moins graves (troubles rénaux par absorption massive et prolongée de chlorure de magnésium ou de certaines eaux de source trop minéralisées).

Quel est leur rôle ?

a) les minéraux :

Ils participent directement (mais en proportions variables) à la construction et à la réparation de nos différents tissus.

Ainsi les os et les dents en renferment des quantités supérieures à celles présentes dans le sang et la lymphe.

b) les oligo-éléments :

Ce sont des catalyseurs. Leur action principale est de favoriser, au sein de notre organisme, un certain nombre de réactions chimiques. Mais ils agissent rarement seuls. Le plus souvent les réactions d'hydrolyse et d'oxydo-réduction ne sont possibles qu'en présence de couples « oligo-éléments-vitamines » tels que, par exemple :

VITAMINE A + CUIVRE et OR
VITAMINE B1 + COBALT et ALUMINIUM
etc...

Les oligo-éléments assurent l'équilibre des échanges biologiques (fixation de l'oxygène de l'air et du gaz carbonique de désassimilation) et stimulent notre auto-défense (action sur le terrain). Ils ont également une action antitoxique et bactéricide.

La loi de simultanéité :

Identique à celle de LIEBIG énoncée pour les vitamines.

Les minéraux agissent en synergie ; que l'un d'entre eux soit absent de notre alimentation peut entraîner un état carentiel.

Ainsi en cas de décalcification, il est inutile d'absorber de grandes quantités de calcium si, parallèlement vous ne pensez pas à prendre du phosphore et un certain nombre d'autres éléments indispensables (fluor, magnésium, etc...).

Le problème de la décalcification n'incombe pas au seul calcium. Ce dernier peut être présent en proportion normale, mais non utilisé par suite de carences minérales annexes.

Minéraux assimilables et inassimilables :

Pour une assimilation maximale, deux conditions sont à remplir :

• Les minéraux, nous l'avons vu, doivent transiter par le végétal. Ils ne pourront être pleinement assimilés par l'homme qu'après avoir acquis une forme colloïdale.

Ceci est la première condition.

• Quant à la seconde, elle dépend exclusivement de l'homme. Les traitements que nous faisons subir à nos aliments peuvent perturber cet état colloïdal.

A savoir :

• La cuisson a pour principal désavantage de précipiter les substances colloïdales.

• Les troubles digestifs et notamment les putréfactions gastro-intestinales perturbent l'assimilation des minéraux.

• L'excès de certains aliments (et médicaments) peut être cause de carences minérales.

Il en est ainsi du pain complet à la levure, de l'oseille, du glucose synthétique, de l'acide acétique, de l'acide phosphorique, des boissons gazeuses, etc...

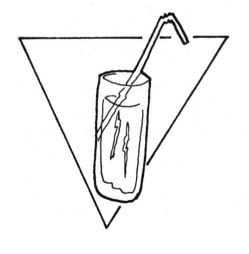

PROPRIÉTÉS ET INDICATIONS DES PRINCIPAUX MINÉRAUX (M) ET OLIGO-ÉLÉMENTS (O-E)

CALCIUM (M)

Propriétés : entre dans la constitution des os, dents, tendons etc...
Intervient dans la coagulation sanguine, le fonctionnement cardiaque et la transmission de l'influx nerveux.

Indications : cholestérol, décalcification, déminéralisation, diabète, fatigue, grippe, infections diverses, rachitisme, troubles pulmonaires.

Quelques aliments riches en calcium : algues, carotte, céréales germées, lait, lait de soja, pollen...

COBALT (O-E)

Propriétés : anti-anémique, hypotenseur et hypoglycémique, le cobalt permet la synthèse de l'hémoglobine.

Indications : anémie, angoisses, artérite, hypertension, migraines, palpitations.

Quelques aliments riches en cobalt : abricot, blé, cerise, champignons, haricot vert...

CUIVRE (O-E)

Propriétés : participe également à la formation de l'hémoglobine. Le cuivre est anti-anémique, antiseptique et anti-infectieux.

Indications : arthrite, bronchite, grippe, maladies infectieuses, rhumatisme articulaire aigu, troubles des glandes endocrines.

Quelques aliments riches en cuivre : asperge, betterave, blé, champignons, cerise, datte, fruits oléagineux, maïs, miel, œuf, orange, raisin.

FER (O-E)

Propriétés : anti-anémique. Il facilite le transit intestinal et favorise l'hématose.

Indications : anémie, asthénie, lactation, troubles de la croissance, tuberculose.

Quelques aliments riches en fer : abricot, algues, châtaigne, céréales, carotte, chou, cresson, légumineuses, fruits oléagineux, miel, œuf, pain complet, poire, pomme.

FLUOR (O-E)

Propriétés : intervient dans le métabolisme du calcium et la formation des os, des dents et des tendons.

Indications : allaitement, croissance, décalcification, déminéralisation, grossesse, rachitisme, rhumatismes, spasmophilie.

Quelques aliments riches en fluor : abricot, asperge, céréales complètes, œuf, pomme de terre, radis, raisin, tomate.

IODE (O-E)

Propriétés : régulateur de la thyroïde, l'iode facilite également les échanges cellulaires. Egalement anti-infectieux et hypotenseur.

Indications : adénite, bronchite, goitre, hypertension, troubles de la circulation sanguine et nerveuse, obésité, tuberculose.

Quelques aliments riches en iode : ail, algues, blé, champignons, chou, cresson, laitue, miel, pomme de terre.

MAGNÉSIUM (M)

Propriétés : indispensable au métabolisme des glucides, lipides et protides, il est anti-allergique, anti-inflammatoire et anti-stress.

Indications : allergies, angine, asthme, fatigue générale, lithiases, palpitations, poliomyélite, sénéscence, spasmophilie, stress, tétanie, troubles nerveux, vertiges.

Quelques aliments riches en magnésium : betterave rouge, céréales complètes, datte, fruits oléagineux, germe de blé, lait de soja, miel, œuf, orange, pomme de terre.

MANGANESE (O-E)

Propriétés : régulateur des fonctions hépatiques et rénales, le manganèse facilite le métabolisme des protides, glucides et lipides. Indispensable lors de la croissance.

Indications : asthme, cellulite, croissance, ménopause, névralgies, obésité, impuissance, puberté, rhumatismes, troubles de l'hypophyse, hépatiques et rénaux.

Quelques aliments riches en manganèse : asperge, carotte, céleri, céréales complètes, châtaigne, chou, cresson, dattes, noisettes, noix, œuf, oignon, orange, pissenlit, poire, pomme, prune.

NICKEL (O-E)

Propriétés : stimule les fonctions pancréatiques.

Indications : cellulite, diabète, obésité, surmenage, troubles hépatiques et pancréatiques.

Quelques aliments riches en nickel : abricot, blé complet, carotte, cerise, champignon, chou, poire, prune, raisin, riz complet, sarrasin, tomate.

PHOSPHORE (M)

Propriétés : favorise la formation osseuse et sanguine. Le phosphore doit être considéré comme l'élément principal de l'énergie nerveuse.

Indications : carie dentaire, décalcification, rachitisme, retard de croissance, troubles de la mémoire et nerveux, tuberculose.

Quelques aliments riches en phosphore : algues, carotte, champignons, chou, flocons d'avoine, framboises, fruits oléagineux, germe de blé, jaune d'œuf, lait, lait de soja, lentilles germées, persil, pollen, pruneau.

POTASSIUM (M)

Propriétés : régule les fonctions surrénaliennes, cardiaques et musculaires.

Indications : arthrite, asthénie, insomnie, troubles nerveux.

Quelques aliments riches en potassium : algues, céréales complètes, germe de blé, lait, lait de soja, miel, œuf.

SILICE (O-E)

Propriétés : indispensable à l'élaboration des dents et des os.

Indications : artériosclérose, déminéralisation, hypertension, maladies de la peau, rachitisme, rhumatismes.

Quelques aliments riches en silice : ail, céréales complètes, échalote, fraise, pomme.

SODIUM (M)

Propriétés : intervient au cours de la digestion et l'assimilation.

Indications : asthénie, convulsions, crampes, troubles cardiaques, psychiques et rénaux.

Quelques aliments riches en sodium : abricot, arachide, céréales complètes, châtaigne, chou, choucroute, datte, épinard, germe de blé, lait, lait de soja, melon, œuf.

SOUFRE (M)

Propriétés : favorise l'assimilation du calcium. Il est anti-infectieux, dépuratif et désintoxicant.

Indications : artériosclérose, arthrite, bronchite, dermatoses, goutte, hypertension, troubles hépatiques et pulmonaires.

Quelques aliments riches en soufre : ail, algues, chou, concombre, germe de blé, fruits oléagineux, levures, œuf, oignon, orange, pêche, poire, poireau, pollen, radis.

ZINC (O-E)

Propriétés : régulateur des fonctions hypophysaires, pancréatiques et génitales. Le zinc participe à la formation des hématies.

Indications : asthénie, insuffisances glandulaires, impuissance, retard de croissance, troubles de la concentration et nerveux.

Quelques aliments riches en zinc : betterave rouge, blé, carotte, chou, épinard, laitue, orange, pêche, tomate.

TABLEAU DES APPORTS MINÉRAUX QUOTIDIENS (en mg)						
	Nouveau-né	6 mois	1 an	4 ans	10 ans	Adulte
Calcium	200	260	650	800	1100	850 à 1500
Cuivre	0,4	0,6	1	1,5	2	3 à 4
Fer	4	5	7	7	10	10 à 25
Magnésium	25	35	70	170	270	320 à 500
Phosphore	120	160	550	700	1100	1200 à 1800
Potassium	480	580	950	1700	2700	3200 à 4800
Sodium	210	250	350	2000	3500	4000 à 6000
Soufre	80	110	170	550	900	1000 à 1500

Ces valeurs sont des valeurs optimales.
Les besoins vitaux minimaux sont inférieurs à ces données.

PROPRIÉTÉS, INDICATIONS ET APPORTS DES PRINCIPAUX JUS DE FRUITS.

ABRICOT

Propriétés : anti-anémique, apéritif, auto-immunisant, énergétique, rééquilibrant nerveux.

Indications : anémie, déséquilibres nerveux légers, croissance, sénescence, troubles de la croissance et troubles intestinaux.

Apports en : provitamine A, vitamines B1, B2, B3, B5, B6 et C, calcium, chlore, cobalt, cuivre, fer, fluor, magnésium, phosphore, potassium, sodium, soufre.

AMANDE

Propriétés : antiseptique intestinal, énergétique, rééquilibrant nerveux, reminéralisante.

Indications : constipation, convalescence, croissance de l'enfant, déminéralisation, fatigue générale, grossesse, inflammation des voies digestives et respiratoires, lithiase urinaire.

Apports en : vitamines B1, B2, B3, B5, B6, C et E, calcium, cuivre, fer, magnésium, phosphore, potassium, soufre et zinc.

ANANAS

Propriétés : apéritif, dépuratif, désinfectant, diurétique, énergétique, facilite le métabolisme des graisses, régulateur glandulaire, stomachique.

Indications : anémie, artériosclérose, asthénie sexuelle, déséquilibres thyroïdiens, dyspepsie, excès de poids, goutte et rhumatismes.

Apports en : vitamines A, B1, B2, B3, B5, B6 et C, calcium, chlore, iode, magnésium, potassium.

BANANE

Propriétés : énergétique, nutritive.

Indications : arthrite, déminéralisation, fatigue.

Apports en : vitamines A, B1, B6 et E, chlore, cuivre, potassium et soufre.

CACAHUETE OU ARACHIDE

Propriétés : énergétique, nutritive, rééquilibrant nerveux.

Indications : constipation, fatigue intellectuelle et nerveuse, surmenage.

Apports en : vitamines B1, B2, B3, B5 et B6, calcium, chlore, fer, magnésium, phosphore, potassium et soufre.

CASSIS

Propriétés : antidiarrhéique, antihémorragique, antiscorbutique, auto immunisant, énergétique, régulateur glandulaire, stimulant hépatique.

Indications : amygdalite, asthénie, diarrhée, goutte, rhumatismes, scorbut, troubles circulatoires, hépatiques et visuels (diminution de l'acuité visuelle).

Apports en : vitamines A, B1 et C, calcium, fer, magnésium, potassium, sodium.

CERISE

Propriétés : anti-arthritique, antirhumatismal, dépuratif digestif, diurétique, draineur urinaire, laxatif, reminéralisant, stimulant hépatique.

Indications : artériosclérose, arthrite, constipation, déminéralisation, obésité, rhumatismes, troubles hépatiques, biliaires et urinaires.

Apports en : vitamines A, B1, B2, B3, B5, B6 et C, calcium, cobalt, fer, magnésium, manganèse, phosphore, potassium et sodium.

CITRON

Propriétés : alcalinisant, anti-hémorragique, draineur hépatique, fluidifiant sanguin, bactéricide, normalisateur de la tension artérielle, reminéralisant, tonicardiaque.

Indications : angine, aphtes, artériosclérose, arthrite, déminéralisation, goutte, hémogliase, hypertension, lithiases, maux de gorge, obésité, ulcères gastro-duodénaux, varices.

Apports en : provitamines A, vitamines A, B1, B2 et C, calcium, cuivre, fer, manganèse, potassium et sodium.

FRAISE

Propriétés : antigoutte, dépurative, détoxicante, diurétique, hypotensive, laxative, régulatrice des systèmes glandulaires, hépatique et nerveux.

Indications : arthrite, athérosclérose, constipation, déminéralisation, goutte, hypertension, lithiase urinaire et biliaire, troubles hépatique et nerveux.

Apports en : vitamines B1 et C, calcium, fer, potassium et soufre.

FRAMBOISE

Propriétés : apéritive, dépurative, diurétique, laxative.

Indications : asthénie, constipation, digestion difficile, goutte, rhumatismes.

Apports en : vitamines B1 et C, calcium, fer, potassium et soufre.

GROSEILLE

Propriétés : apéritive, digestive, diurétique, laxative, reminéralisante.

Indications : arthrite, constipation, déminéralisation, hépatisme, inflammation des voies digestives et urinaires, rhumatismes.

Apports en : vitamines A, B et C, brome, calcium, fer, magnésium, phosphore et potassium.

MANDARINE

Ses propriétés et indications sont semblables à celles de l'orange.

MELON

Propriétés : apéritif, diurétique, régénérateur tissulaire.

Indications : anémie, constipation, goutte, hémorroïdes, lithiase urinaire.

Apports en : vitamines A, B1 et C, magnésium, potassium, sodium et soufre.

MYRTILLE

Propriétés : antidiarrhéique, antihémorragique, dépuratif, fébrifuge.

Indications : artériosclérose, colibacillose, diarrhée, diminution de l'acuité visuelle, dysenterie, fièvre, fragilité capillaire, infection intestinale, troubles biliaires et hépatiques.

Apports en : vitamines A, B1, B2, B3, B5, B6, C et P, calcium, cuivre, fer, magnésium, potassium.

NOIX

Propriétés : antidiarrhéique, excellent draineur de la peau et de la lymphe, laxative, vermifuge.

Indications : dermatoses, lithiase urinaire, parasites intestinaux.

Apports en : vitamines A, B et C, calcium, cuivre, fer, magnésium, phosphore, potassium et zinc.

ORANGE

Propriétés: antihémorragique, anti-infectieux, antiscorbutique, apéritive, diurétique, énergétique, laxatif, régénérateur des cellules, reminéralisant, tonifiant.

Indications: anémie, constipation, dermatoses, excès de poids, gingivite, scorbut.

Apports en: vitamines A, B, C et E, brome, calcium, cuivre, fer, magnésium, potassium, soufre et zinc.

PAMPLEMOUSSE

Ses propriétés et indications sont semblables à celles de l'orange.

PECHE

Propriétés: énergétique, dépurative, diurétique.

Indications: lithiase urinaire, surcharge hépatique, troubles digestifs.

Apports en: vitamines A, B1, B2, B3 et C, calcium, cuivre, fer, iode, magnésium, phosphore, potassium.

POIRE

Propriétés: antiseptique sanguin, apéritif, dépuratif sanguin, diurétique, laxatif, protecteur du système cardiaque, régulateur de la tension artérielle et des sécrétions glandulaires, reminéralisant, sédatif, stomachique.

Indications: anémie, asthénie, constipation, dyspepsie, goutte, hypertension, lithiase urinaire, nervosisme, rhumatismes, oligurie, troubles rénaux.

Apports en: vitamines A, B et C, arsenic, calcium, fer, iode, magnésium, phosphore et potassium.

POMME

Propriétés: alcalinisante, antiseptique intestinale, dépurative, diurétique, énergétique, hypocholestérolémiante, reminéralisante.

Indications: artériosclérose, constipation, goutte, hypertension, lithiase urinaire, nervosisme, obésité, troubles digestifs.

Apports en: vitamines A, B1, B2, B3, C et E.

PRUNE

Propriétés: alcalinisante, décongestionnante hépatique, dépurative, diurétique.

Indications: anémie, artériosclérose, goutte, hémorroïdes, rhumatismes, troubles hépatiques.

Apports en: vitamines A, B et C, calcium, chlore, cuivre, fer, magnésium, manganèse, potassium.

RAISIN

Propriétés: cholagogue, détoxicant, diurétique, énergétique, laxatif, reminéralisant.

Indications: anémie, arthrite, asthénie, constipation, convalescence, déminéralisation, embonpoint, fatigue générale, hypertension, hyperviscosité sanguine, lithiases, rhumatismes, surmenage, troubles digestifs et hépatiques.

Apports en: vitamines A, B et C, arsenic, calcium, chlore, fer, iode, magnésium, manganèse, phosphore, potassium, sodium, zinc.

SÉSAME

Propriétés: laxatif, protecteur des systèmes cardio-vasculaire et nerveux.

Indications: artériosclérose, sénescence, troubles de la mémoire et troubles nerveux.

Apports en: vitamines B et E, cuivre, fer, nickel magnésium, manganèse, phosphore et sodium.

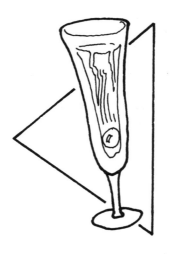

PROPRIÉTÉS, INDICATIONS ET APPORTS DES PRINCIPAUX JUS DE LÉGUMES.

AIL

Propriétés : antiarthritique, antiseptique intestinal, bactéricide, hypotenseur, préventif du cancer, stimulant, vermifuge.

Indications : coliques néphrétiques, coqueluche, flatulences, goutte, hypotension, insuffisance biliaire, lithiases, oxyures, troubles circulatoires, intestinaux et respiratoires.

Apports en : vitamines A, B1, B2, B3 et C, brome, calcium, fer, iode, magnésium, manganèse, potassium, silice, soufre.

ARTICHAUT

Propriétés : anti-athéromateux, antirhumatismal, apéritif, cholérétique, diurétique, hypocholestérolémiant, urécolytique.

Indications : anorexie, artériosclérose, arthrite, asthénie, cholestérol, dermatoses (eczéma), diabète, excès de poids, goutte, insuffisances hépatique et rénale, rhumatismes.

Apports en : vitamines A et B, calcium, fer, phosphore, potassium, sodium, soufre.

BETTERAVE ROUGE

Propriétés : anti-anémique, apéritif, dépuratif, draineur hépatique et sanguin, diurétique, énergétique, hépatopoïétique, reminéralisant, stimulant digestif.

Indications : anémie, arthrite, cancer et états précancéreux, déminéralisation, déséquilibres nerveux, grippe, névrites, rhumatismes, troubles hépatiques, pancréatiques et rénaux, tuberculose, tumeurs malignes, urémie.

Apports en : vitamines A, B, C et E, calcium, chlore, cuivre, fer, magnésium, phosphore, potassium, sodium et zinc.

CAROTTE

Propriétés : antianémique, antiputride, dépurative, diurétique, favorise la lactation, rajeunissant tissulaire, régulatrice intestinale.

Indications : anémie, artériosclérose, colibacillose, constipation, diminution de l'acuité visuelle, goutte, hémorragies digestives, infections intestinales, rhumatismes.

Apports en : provitamine A, vitamines A, B et C, arsenic, brome, calcium, cuivre, fer, magnésium, manganèse, potassium, sodium, soufre.

CÉLERI

Propriétés : antidiabétique, antirhumatismal, anti-scorbutique, dépuratif, diurétique, draineur pulmonaire, régénérateur sanguin, reminéralisant, stimulant glandulaire (surrénales), stomachique, tonique.

Indications : arthrite, asthénie, baisse de la lactation, coliques néphrétiques, déminéralisation, goutte, ictère impuissance, insuffisances hépatique et surrénalienne, lithiase urinaire, nervosité, obésité, rhumatismes, sénescence, tuberculose.

Apports en : vitamines B1, B2, B3, C et E, calcium, chlore, cuivre, fer, magnésium, phosphore, potassium, sodium, soufre.

CHOU

Propriétés : dépuratif, énergétique, hypoglycémiant, rééquilibrant nerveux, reminéralisant, revitalisant.

Indications : anémie, arthrite, asthme, catarrhe, cirrhose, colite, diabète, fatigue, lithiase urinaire, parasites intestinaux, troubles digestifs, ulcère gastrique.

Apports en : vitamines A, B1, B2, B3, C et K, calcium, fer, iode, magnésium, phosphore, potassium et soufre.

CONCOMBRE

Propriétés : dépuratif, diurétique, urécolytique (facilite l'élimination de l'acide urique).

Indications : goutte, lithiase urinaire, rhumatismes.

Apports en : provitamine A, vitamines A, B1, B2, B3, B5, B6 et C, calcium, cuivre, fer, iode, magnésium, potassium, soufre, sodium.

CRESSON

Propriétés : anti-anémique, anticancer, antiscorbutique, dépuratif sanguin, diurétique, draineur bronchique, hépatique et rénal, expectorant, hypoglycémiant, reconstituant, reminéralisant, stomachique, sudorifique, vermifuge.

Indications : anémie, anorexie, asthénie, bronchite, cancer, dermatoses, diabète, infections biliaires et respiratoires, lithiases biliaires et urinaires, lymphatisme, oligurie, parasites intestinaux, rachitisme, tuberculose.

Apports en : provitamine A, vitamines A, B1, B2, B3, B5, B6 et C, calcium, chlore, cuivre, fer, iode, magnésium, phosphore, potassium, sodium, zinc.

HARICOT VERT

Propriétés : antileucopénique, anti-infectieux, dépuratif, diurétique, hypoglycémiant, stimulant hépatique, pancréatique et nerveux.

Indications : albuminurie, asthénie, diabète, goutte, leucopénie, lithiase urinaire, oligurie, troubles digestifs.

Apports en : vitamines A, B1, B2, B3, B5, B6, C et E, calcium, cuivre, fer, magnésium, phosphore, potassium, sodium, soufre, zinc.

OIGNON

Propriétés : antiputride, antiseptique, antithyroïdien, diurétique, hypocholesterolémiant, hypoglycémiant, stimulant nerveux.

Indications : arthérosclérose, excès de poids, flatulences, goutte, putréfaction gastro-intestinale, troubles des règles, vers intestinaux.

Apports en : vitamines A, B1, B2, B3, B5, B6, C et E, arsenic, brome, calcium, cobalt, cuivre, fer, iode, magnésium, manganèse, nickel, potassium, silice, soufre.

PERSIL

Propriétés : anti-anémique, antirachitique, antiscorbutique, apéritif, dépuratif, diurétique, emménagogue, stimulant du système nerveux, stomachique, vasodilatateur, vermifuge.

Indications : anémie, asthénie, diarrhée, dyspepsie, flatulences, goutte, hypertension, lithiase urinaire, oligurie, rhumatismes, troubles hépatiques, biliaires et des règles.

Apports en : provitamine A, vitamines A, B et C, calcium, fer, magnésium, phosphore, potassium, sodium, soufre.

PISSENLIT

Propriétés : anticancer, antirhumatismal, antiscorbutique, apéritif, dépuratif sanguin, diurétique, draineur hépatique et biliaire, eupeptique, hypocholestérolémiant, stimulant rénal..

Indications : acné, anémie, artériosclérose, constipation, dermatoses (eczéma), excès de poids, furonculose, goutte, hémorroïdes, lithiase urinaire, pyorrhée, rhumatismes, scorbut, varices.

Apports en : vitamines A, B1, B2, B3 et C, calcium, fer, magnésium, manganèse, phosphore, potassium, silice, sodium, soufre.

POIREAU

Propriétés : antiseptique, diurétique, urécolytique, laxatif, tonique nerveux.

Indications : anémie, artériosclérose, arthrite, azotémie, constipation, excès de poids, goutte, infection urinaire, insuffisance rénale, lithiase urinaire, rhumatismes.

Apports en : vitamines A, B1, B2, B3 et C, calcium, fer, iode, magnésium, phosphore, potassium, sodium, soufre.

RADIS NOIR

Propriétés : anti-allergique, antiscorbutique, antispasmodique, apéritif, cholagogue, cholécystokinétique, digestif, diurétique, eupeptique, stimulant hépatique, tonique respiratoire.

Indications : affections respiratoires, allergies, anorexie, arthrite, asthme, bronchite, cholécystite, coqueluche, dyspepsie, eczéma, goutte, insuffisance hépatique, lithiase vésiculaire, oligurie, rhumatismes, scorbut, toux.

Apports en : vitamines A, B et C ; calcium, chlore, cuivre, fer, magnésium, potassium, soufre.

TOMATE

Propriétés : apéritif, réminéralisant, désintoxicant, alcalinisant, diurétique, dissout l'acide urique.

Indications : anémie, artériosclérose, arthrite, constipation, dermatoses (psoriasis) goutte, hémogliase, lithiases biliaires et urinaires, rhumatismes, urémie.

Apports en : vitamines A, B, C, E et K ; brome, calcium, chlore, cuivre, fer, iode, magnésium, phosphore, potassium, sodium, soufre, zinc.

LES CURES DE JUS

a) Des concentrés vivants :

Après l'eau (pure et peu minéralisée) les jus de fruits et de légumes, sont des boissons de premier choix apportant à notre organisme les éléments si souvent absents de notre alimentation moderne.

Une fois pressé, le fruit ou le légume, est débarrassé de la plus grande partie de ses fibres (éléments secondaires dans le cadre d'une cure de jus mais néanmoins indispensables dans notre alimentation quotidienne).

Nous obtenons alors un véritable sang végétal, cocktail de vitamines, minéraux, oligo-éléments, diastases et acides aminés.

Ce n'est pas une simple boisson que nous absorbons, mais un aliment concentré à la fois apéritif, énergétique, nutritif, rééquilibrant, reminéralisant et stimulant des secrétions gastriques, capable de combattre tous les désordres liés aux erreurs alimentaires que nous commettons.

Enfin chaque fruit ou légume ayant des propriétés bien spécifiques, une cure peut être entreprise chez soi et sans aucun risque, ni contre-indication, comme aide thérapeutique.

En cas d'anémie par exemple, une cure de jus d'abricot se révèle fort efficace.

B) Quelques conseils pour bien profiter de vos jus :

1. Comment obtenir un jus de qualité ?

• Choisir en premier lieu des fruits et des légumes cultivés sans engrais chimiques ni pesticides de synthèse. Inutile d'absorber un surcroît de poison difficile à éliminer par notre corps. La pollution environnante est déjà largement suffisante.

• Ne pas laisser tremper les fruits et légumes (élimination des vitamines hydrosolubles), les passer simplement sous l'eau avant de les presser.

• Les jus frais ne se conservent pas. Ils doivent être consommés sitôt pressés.

• Légèrement moins riches, les jus en bouteilles sont néanmoins d'un intérêt tout particulier puisqu'ils permettent à toute époque de l'année de faire la cure de son choix : abricot, raisin, pomme, etc...

• Les choisir toujours de qualité biologique.

2. *Comment les utiliser ?*

Nous n'envisageons dans le cadre de cet ouvrage que la seule prise de jus par voie interne. Celle-ci peut être faite :

• sous forme de diète exclusive ou semi-exclusive.

La cure de jus est à conseiller aux personnes ayant quelques appréhensions à faire un jeûne. Son objectif est purement thérapeutique. Aussi conseillons-nous la prudence et l'assistance d'un thérapeute compétent dont le rôle est de fixer les quantités à prendre quotidiennement et la durée de la diète.

• sous forme de prise quotidienne ; le jus est alors un excellent complément vitaminique et minéral apte à combler toutes les carences.

Son rôle est ici préventif.

c) Comment et quand absorber jus de fruits et de légumes ?

Véritables concentrés énergétiques et nutritifs, ils ne doivent pas être consommés en excès ni au moment des repas.

Les jus doivent être absorbés par petites gorgées afin d'être pleinement insalivés.

L'idéal est de les consommer 20 minutes avant les repas et de les « mâcher ». Dans le cas contraire, ils peuvent être cause de fermentations et troubles intestinaux sans gravité.

d) Posologie :

Il n'existe aucune posologie générale.

Si vous désirez entreprendre une diète exclusive, demandez conseil à votre thérapeute.

• En cas de diète semi-exclusive, nous conseillons la prise de 1 à 3 verres par jour pendant trois mois en alternant trois semaines de prise et une semaine de repos.

• En consommation régulière, 1 verre par jour est suffisant, loin des repas.

N'oubliez pas :

Ail, oignon, persil ne peuvent être consommés purs ou en grande quantité. Vous pourrez néanmoins profiter de leurs vertus en ajoutant à tous vos jus, une gousse d'ail, une branche de persil ou (et) un peu d'oignon.

TWIST'N (p. 53)

VENT D'ANGE (p. 60)

CARAÏBES (p. 61)

ONLY YOU (p. 62)

BULGAR (p. 64)

RENAISSANCE (p. 70)

COCKTAILS AGRUMES (p. 72)

NAMKIN LASSI (p. 81)

LA CURE BREUSS

Diète exclusive à base de jus de légumes, la cure préconisée par Rudolf Breuss (thérapeute autrichien) dès 1950, comme adjuvant thérapeutique à de nombreuses maladies plus ou moins graves (arthrite, cancer) a toujours donné des résultats positifs.

C'est la meilleure illustration que nous puissions donner aux pages théoriques qui précèdent, sans oublier toutefois de rappeler l'importance, entre autres, des cures de raisin ou de citron.

La cure totale de R. Breuss s'étale sur 42 jours (sont également possibles des cures répétées de 3 semaines) pendant lesquels aucun aliment solide ne doit être absorbé.

Inutile de préciser l'importance d'une surveillance thérapeutique tout au long de la diète.

Si la peur de la faim est à l'origine d'angoisses, optez pour la demi-cure au cours de laquelle sont alternés jus et aliments légers. Les résultats seront simplement moins spectaculaires et plus longs à se manifester.

a) Un mélange de jus détoxicant :

Ses proportions sont immuables :

- 3/5 de jus de betterave rouge
- 1/5 de jus de carotte
- 1/5 de jus de céleri

A ce mélange, R. Breuss conseille d'ajouter un peu de jus de radis noir ou de pomme de terre.

Les légumes bien sûr doivent être choisis de qualité biologique.

Dans le cas où vous ne trouveriez pas de légumes de qualité, sachez que la firme BIOTTA commercialise une gamme de jus Breuss.

b) Posologie :

La dose maximale à consommer ne doit pas dépasser un litre. La ration idéale se trouvant entre 25 et 50 cl par jour. Consommez le jus à la cuillère et insalivez avant de l'avaler.

c) Comment procéder ?

Boire, la semaine précédant la cure, 25 cl de jus de légumes, par jour, en dehors des repas.

Pendant toute la cure, ne consommer que la quantité de jus préconisée en association à des infusions suivant le schéma ci-dessous :

Les trois premières semaines :

• Au réveil : une demi-tasse d'infusion rénale.

• Une heure plus tard, une tasse d'infusion de sauge et 10 cuillerées à soupe de jus bien insalivées.

• Ensuite toutes les heures, une demi-tasse d'infusion de sauge et 4 cuillerées à soupe de jus (ceci est un minimum).

• Midi et soir, prendre à nouveau un peu d'infusion rénale.

Les trois semaines suivantes : ne plus prendre d'infusion rénale.

d) Comment arrêter la cure ?

Il en est de la cure de jus comme du jeûne. Une reprise alimentaire en douceur s'impose :

Les jours suivants la cure, continuer à boire chaque jour un peu de jus en reprenant lentement votre régime alimentaire.

Commencer par des aliments semi-liquides comme de la soupe, puis des légumes et des fruits crus.

Ensuite viendront par ordre :
• Fromages blancs et yaourts
• Céréales
• Légumineuses
• Fruits oléagineux

e) La diète semi-exclusive :

Son schéma est identique à celui précédemment décrit.

Par contre est autorisée au moment des repas, la consommation d'une soupe - soupe de pâtes ou bouillie de céréales (choisir une céréale non échauffante)-.

Au cours de la diète semi-exclusive, le corps ne peut se désintoxiquer en totalité, aussi faut-il un peu de persévérance pour voir apparaître les premiers résultats.

COMMENT PRÉPARER VOUS-MÊME VOS JUS POUR L'ANNÉE

Confectionner chez soi de délicieux jus de fruits et de légumes et se constituer ainsi une réserve minérale et vitaminique pour la saison froide est chose facile.

Il vous suffit d'acquérir un presse-jus à vapeur * (voir schéma ci-joint).

Cet appareil, peu coûteux, amorti en quelques mois et d'une utilisation fort simple, permet de préparer à la maison des jus introuvables en magasins.

Airelles, coings, groseilles, mûres, cerises, pommes, raisins et de très nombreux autres fruits et légumes vous fourniront tout au long de l'année leurs jus agréablement parfumés.

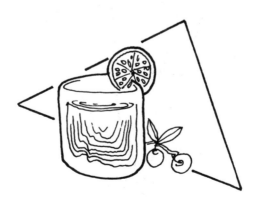

* En vente à CADEAUX SHOP MENAGER • 2, rue de Soultz • 68540 BOLLWILLER.

LES COCKTAILS

ATTENTION !

Ces cocktails n'ont pas la prétention d'être des boissons thérapeutiques ni de pouvoir se substituer à un éventuel traitement médical.

Ils sont néanmoins à considérer, tant par leur richesse minérale que vitaminique, comme d'inestimables adjuvants quel que soit le traitement choisi.

POUR DYNAMISER VOS COCKTAILS

Les recettes réunies dans cet ouvrage peuvent évoluer au gré de votre fantaisie et de vos besoins.

Aux jus de fruits et légumes, vous pourrez ajouter :

- jaune d'œuf : renferme en juste proportion tous les acides aminés essentiels. Le jaune d'œuf est également riche en fer et en zinc.

- lait de soja : encore appelé filtrat de soja, le lait de soja est un aliment fort intéressant. Riche en minéraux (calcium, magnésium, fer, phosphore...) et vitamines (A, B1, B2, B3, B6 et E), il stimule la production d'hémoglobine et alcalinise le sang. Selon les médecins japonais, il serait un remède naturel de choix contre l'anémie, l'hyper-tension, le diabète et les affections cardiaques.

- miel : composé principalement de sucres simples, le miel est riche en principes actifs :
  - Vitamines : A, B1, B2, B3, B5, B6, B9 et C
  - Minéraux : calcium, chlore, cuivre, fer, magnésium, phosphore, potassium.
  - Diastases indispensables au métabolisme
  - Pollen
  - Substances antibiotiques

- les purées d'oléagineux : peuvent être utilisées en fonction des goûts de chacun des purées d'amande, d'arachide, de noisette, de noix ou de sésame. Ce sont des aliments nutritifs et énergétiques.

- la sève d'érable : édulcorant au goût particulièrement agréable, la sève d'érable renferme du calcium, du fer, du manganèse, du phosphore, du potassium, de la silice et du souffre.

- le sirop de dattes : recommandé aux enfants pour son taux particulièrement élevé en magnésium.

- sucre complet : jus de canne déshydraté, le sucre complet est un reminéralisant de premier choix. Il renferme du calcium, du fer, du fluor, du magnésium, du phosphore, du potassium et du sélénium. Le sucre complet prévient l'anémie, la constipation, le rachitisme et la carie dentaire.

- Yaourt : préparé maison, le yaourt est riche en acide lactique (L+). Celui-ci combat la constipation et les putréfactions intestinales, facilite l'activité cardiaque et la respiration cellulaire. Il protège notre système sanguin et favorise l'ensemble des réactions métaboliques.

COCKTAILS STIMULANTS

TWIST'N

- ❒ 2 tranches d'ananas
- ❒ 1 pomme
- ❒ 1 kiwi
- ❒ quelques feuilles de menthe

1. Passer les fruits à la centrifugeuse.
2. Servir mélangé aux feuilles de menthe ciselées finement.

ÉTRANGE

- ❒ 1 orange
- ❒ 1 mandarine
- ❒ 1/2 citron
- ❒ 1 c. à c. de levure maltée
- ❒ 1 c. à c. de purée d'amande
- ❒ 2 c. à c. de miel

1. Presser les fruits.
2. Y ajouter la levure maltée, la purée d'amande et le miel.
3. Bien mélanger.
4. Ajouter un peu d'eau si nécessaire.
5. Servir dans un verre décoré d'une tranche de citron.

VERT-ROUGE

- [ ] **1 concombre**
- [ ] **quelques feuilles de chou rouge**
- [ ] **quelques feuilles d'épinard**
- [ ] **1 branche de rhubarbe**
- [ ] **1 pincée de gingembre**
- [ ] **1 pincée de sel non raffiné.**

1. Passer les légumes à la centrifugeuse.

2. Y ajouter le sel et le gingembre.

3. Bien remuer et servir.

COCKTAILS CALMANTS

FREEDOM

- ☐ 1 betterave rouge
- ☐ 1 branche de céleri
- ☐ quelques radis roses
- ☐ 1 rouelle d'oignon
- ☐ 1 pincée de sel non raffiné
- ☐ 1 pincée de coriandre

1. Passer les légumes à la centrifugeuse.
2. Ajouter le sel et la coriandre.
3. Mélanger et servir.

GOOD NIGHT

- ☐ 1 petite laitue
- ☐ 1 fenouil
- ☐ 1 petite betterave rouge
- ☐ 1 pincée de sel non raffiné
- ☐ 1 pincée de cardamone

1. Passer les légumes à la centrifugeuse.
2. Ajouter le sel et la cardamone.
3. Bien remuer avant de servir.

HOUNZA

- ❏ 2 carottes
- ❏ 1/2 concombre
- ❏ 3 abricots secs
- ❏ 1 c. à c. de purée d'amande

1. Passer les carottes et le concombre à la centrifugeuse.
2. Au mixer, transformer les abricots secs en une fine purée.
3. Dans un shaker, verser le jus, la purée d'abricot et d'amande.
4. Secouer énergiquement et servir.

NEWTON

- ❏ 5 prunes
- ❏ 1 pomme
- ❏ 1/2 citron épluché
- ❏ 2 c. à c. de miel de tilleul
- ❏ 1 c. à c. de fleur d'oranger

1. Passer les fruits à la centrifugeuse.
2. Ajouter au jus le miel et la fleur d'oranger.
3. Mélanger avant de servir.

PLAISIR D'UN SOIR

- ❏ 1 poire
- ❏ 100 g de framboises
- ❏ 1/2 l de lait de soja
- ❏ 1 c. à c. de sucre complet

1. Passer les fruits à la centrifugeuse.
2. Ajouter le lait et le sucre.
3. Mélanger et décorer de quelques framboises entières et fraîches.

COCKTAILS
REMINÉRALISANTS

ANDALOU

- ❐ **1 grappe de raisin muscat**
- ❐ **1/2 verre de lait de soja**
- ❐ **1 c. à c. de purée d'amande**
- ❐ **1 c. à c. de jus de datte**

1. Passer le raisin à la centrifugeuse.
2. Dans un shaker, ajouter au jus les autres ingrédients.
3. Bien secouer, avant de servir avec une paille dans un verre à long drink.

BIG RED

- ❐ **1 betterave rouge**
- ❐ **1 carotte**
- ❐ **1 branche de céleri**
- ❐ **1/4 de citron épluché**
- ❐ **quelques gouttes de tamari**

1. Laver la betterave et la carotte sans les gratter.
2. Passer les légumes et le citron à la centrifugeuse.
3. Ajouter quelques gouttes de tamari et servir.

CRESS

- ☐ 2 petites tomates
- ☐ 1/2 botte de cresson
- ☐ 1 petit morceau de céleri- rave
- ☐ tamari

1. Bien laver le cresson et le débarrasser des grosses tiges.
2. Passer les légumes à la centrifugeuse.
3. Ajouter quelques gouttes de tamari avant de déguster.

ÈVE

- ☐ 2 pommes reinettes
- ☐ 1 petite grappe de raisin blanc
- ☐ 1 c. à s. de sucre complet
- ☐ 1 pincée de cannelle

1. Passer les fruits à la centrifugeuse.
2. Verser le jus dans un shaker.
3. Ajouter le sucre et la cannelle.
4. Secouer, ajouter de l'eau si nécessaire et servir avec une paille.

GIBOULÉE

- ☐ 150 g de groseilles
- ☐ 50 g de cassis
- ☐ 1/2 citron épluché
- ☐ 1 c. à s. de sucre complet

1. Passer les fruits à la centrifugeuse.
2. Ajouter le sucre complet et bien mélanger.
3. Verser dans un verre à long drink et compléter avec de l'eau gazeuse.

LONG CHERRY

- ❐ **300 g de cerises dénoyautées**
- ❐ **100 g de groseilles**
- ❐ **1 c. à c. de purée d'amande**
- ❐ **2 c. à c. de sucre complet**

1. Passer les cerises et les groseilles à la centrifugeuse.
2. Verser le jus dans un shaker.
3. Ajouter la purée d'amande et le sucre complet.
4. Bien secouer.
5. Verser dans un verre à long drink.
6. Décorer avec une cerise confite.

MÉDITERRANÉE

- ❐ **1 poire**
- ❐ **1 mandarine épluchée**
- ❐ **1 c. à c. de germe de blé**
- ❐ **1 c. à c. de sucre complet**
- ❐ **quelques feuilles de menthe**

1. Passer les fruits à la centrifugeuse.
2. Verser dans un shaker et ajouter le germe de blé.
3. Ajouter le germe de blé et le sucre complet.
4. Bien secouer.
5. Verser dans un grand verre et décorer avec la menthe finement ciselée.
6. Ajouter, si nécessaire, un peu d'eau.

ORANGER

- 1 betterave rouge moyenne
- 1 orange pelée
- 1/4 de citron épluché
- 4 feuilles de menthe
- 1 c. à c. de sucre complet

1. Passer fruits, légumes et trois feuilles de menthe à la centrifugeuse.
2. Verser dans un shaker, ajouter le sucre complet et secouer.
3. Servir, décoré d'une feuille de menthe.

VENT D'ANGE

- 1 grappe de raisin muscat
- 1 carotte moyenne
- 1/2 c. à c. de purée de noisettes

1. Passer le raisin et la carotte à la centrifugeuse.
2. Verser le jus dans un shaker et ajouter la purée de noisette.
3. Bien secouer et servir dans un tumbler avec une paille.

COCKTAILS CONTRE L'HYPERTENSION

AIGRE-DOUX

- ❏ **2 tomates**
- ❏ **4 prunes**
- ❏ **1 gousse d'ail**
- ❏ **1 pincée de sel non raffiné**
- ❏ **1 pincée de genièvre**

1. Passer les tomates, prunes et ail à la centrifugeuse.
2. Ajouter le sel et le genièvre.
3. Bien remuer avant de servir.

CARAïBES

- ❏ **2 tranches d'ananas**
- ❏ **50 g de cerises**
- ❏ **1/2 citron épluché**
- ❏ **1 c. à c. de purée de sésame**
- ❏ **1 c. à c. de sucre complet**

1. Passer les fruits à la centrifugeuse.
2. Dans un shaker, ajouter au jus la purée de sésame et le sucre complet.
3. Bien secouer avant de servir.

ONLY YOU

- [ ] **2 carottes**
- [ ] **2 fonds d'artichaut**
- [ ] **1 salsifis**
- [ ] **1/4 d'oignon**
- [ ] **1 c. à c. de levure de bière**
- [ ] **1 pincée de sel non raffiné**

1. Passer les légumes à la centrifugeuse.
2. Dans un shaker, ajouter la levure et le sel.
3. Bien secouer.
4. Servir dans un verre à long drink.

COCKTAILS APÉRITIFS

ANISET

- ❑ **2 carottes**
- ❑ **1/2 fenouil**
- ❑ **quelques feuilles de laitue**
- ❑ **une branche de céleri**
- ❑ **1 pincée de sel non raffiné**

1. Passer les légumes à la centrifugeuse.
2. Ajouter le sel et bien mélanger.

BON'AP

- ❑ **1 tomate**
- ❑ **1 morceau de céleri-rave**
- ❑ **1/4 de citron épluché**
- ❑ **quelques radis**
- ❑ **1 c. à c. de gomasio***

1. Passer les légumes et le citron à la centrifugeuse.
2. Verser dans un shaker, ajouter le gomasio et secouer.
3. Verser dans un verre décoré d'un radis.

* se reporter à notre ouvrage "Les fruits énergie", Ed. EQUILIBRES Aujourd'hui.

BULGAR

- ❏ **2 tomates**
- ❏ **1/2 yaourt**
- ❏ **1 c. à c. d'oignon finement haché**
- ❏ **1 pincée de sel non raffiné**
- ❏ **1 pincée de paprika**

1. Passer les tomates à la centrifugeuse.

2. Dans un shaker, ajouter le yaourt et les autres ingrédients.

3. Bien secouer, ajouter un peu d'eau si nécessaire et servir.

CAVAILLONNAIS

- ❏ **2 tranches d'ananas**
- ❏ **1/2 melon**
- ❏ **1 orange épluchée**
- ❏ **quelques feuilles de menthe**

1. Passer les fruits à la centrifugeuse.

2. Présenter dans un grand verre décoré de menthe ciselée.

CORTEZ

- ❏ **1 pomme**
- ❏ **1 orange épluchée**
- ❏ **1 tranche d'ananas**
- ❏ **1 c. à c. de miel**
- ❏ **1 pincée de cannelle**

1. Passer les fruits à la centrifugeuse.

2. Ajouter le miel et la cannelle.

3. Bien remuer et servir dans un verre à cocktail.

FEUILLE ROUSSE

❏ **1 pomme**
❏ **1 grappe de raisin blanc**
❏ **100 g de framboises**
❏ **1 pincée de gingembre**

1. Passer les fruits à la centrifugeuse.
2. Ajouter le gingembre, bien mélanger.
3. Servir dans un grand verre préalablement rafraîchi.

GOOD DRINK

❏ **1 tomate**
❏ **2 fonds d'artichaut**
❏ **1 petit radis noir**
❏ **1/2 citron épluché**
❏ **quelques branches de persil**
❏ **1 pincée de sel non raffiné**

1. Passer les légumes à la centrifugeuse et le citron.
2. Ajouter le sel, remuer et servir dans un tumbler.
3. Décorer avec le persil finement ciselé.

MUSCADIN

❏ **1 poire**
❏ **1 grappe de raisin blanc**
❏ **100 g de mûres**
❏ **1 petite pincée de noix de muscade**

1. Passer les fruits à la centrifugeuse.
2. Ajouter la muscade, bien mélanger et servir dans un grand verre.

PAMPLELUNE

- ❏ **1 petite betterave rouge**
- ❏ **1 pamplemousse**
- ❏ **1 gousse d'ail**
- ❏ **1 pincée de sel non raffiné**

1. Passer betterave, pamplemousse et ail à la centrifugeuse.

2. Ajouter le sel et bien remuer.

3. Servir dans un grand verre décoré d'une rondelle de citron.

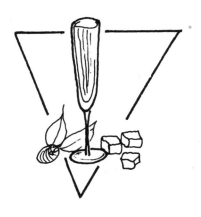

COCKTAILS DIGESTIFS

COCKTAIL DU JARDINIER

❏ **1 pomme**
❏ **quelques feuilles de chou**
❏ **1 branche de cerfeuil**
❏ **1 branche de coriandre**
❏ **1 gousse d'ail**
❏ **1 pincée de sel non raffiné**

1. Passer la pomme et les légumes à la centrifugeuse.
2. Ajouter le sel, remuer et servir.

MANDARIN

❏ **1 tomate**
❏ **1/2 yaourt nature**
❏ **1 pincée de cumin en poudre**
❏ **1 pincée de sel au céleri**

1. Passer la tomate à la centrifugeuse.
2. Verser le jus dans un shaker.
3. Ajouter le yaourt, le cumin et le sel ainsi qu'un peu d'eau fraîche.
4. Bien remuer et servir dans un tumbler.

MENTOCAR

- ❒ **2 carottes**
- ❒ **1/2 citron épluché**
- ❒ **2 branches de menthe fraîche**
- ❒ **1 pincée de sel non raffiné**
- ❒ **1 pincée de cumin**

1. Passer les carottes, le citron et les feuilles de menthe à la centrifugeuse.
2. Ajouter le sel et le cumin.
3. Bien remuer et servir dans un grand verre.
4. Décorer de menthe finement ciselée.

COCKTAILS ANTI-ANÉMIE

BRICOTINE

- 3 abricots
- 1 carotte
- 1 petit navet
- 1/2 pamplemousse rose
- 2 feuilles d'estragon

1. Passer les abricots dénoyautés, la carotte, le navet et le pamplemousse à la centrifugeuse.
2. Hacher finement l'estragon.
3. Verser dans un grand verre et parsemer d'estragon haché.

GREEN ORANGE

- 1 carotte moyenne
- 1 orange épluchée
- 1/2 bouquet de persil
- noix de muscade

1. Passer carotte, orange et persil à la centrifugeuse.
2. Ajouter un peu de noix de muscade et servir frais.

NANA

- ☐ **3 tranches d'ananas**
- ☐ **1 poire**
- ☐ **2 prunes**
- ☐ **1 c. à s. de sirop d'érable**

1. Passer les fruits à la centrifugeuse.
2. Mélanger jus et sirop d'érable.
3. Servir dans un grand verre.

RENAISSANCE

- ☐ **1 betterave rouge**
- ☐ **1 carotte**
- ☐ **1 petit poireau**
- ☐ **1 pincée de cumin en poudre**
- ☐ **1 pincée de sel non raffiné**

1. Passer les légumes à la centrifugeuse.
2. Ajouter sel et cumin.
3. Bien remuer.
4. Servir dans un trumbler.
5. Parsemer de graines de sésame (grillées ou non).

VENT D'EST

- ☐ **1 tomate**
- ☐ **1/2 concombre épluché**
- ☐ **1/2 melon épluché**
- ☐ **1 branche de céleri**
- ☐ **1 pincée de sel non raffiné**

1. Passer les légumes à la centrifugeuse.
2. Ajouter le sel et servir dans un tumbler.
3. Saupoudrer de persil haché.

COCKTAILS RICHES
EN VITAMINE C

ALF

- ❒ 1 tasse d'alfalfa
- ❒ 1/2 botte de cresson
- ❒ 1/2 betterave rouge
- ❒ 1/2 jus de citron
- ❒ 1 pincée de sel non raffiné

1. Passer les légumes à la centrifugeuse.
2. Ajouter le sel et remuer.
3. Verser dans un tumbler.
4. Décorer d'une tranche de citron.

AUSTRALIA

- ❒ 2 kiwis
- ❒ 1 grappe de raisin blanc
- ❒ 1 c. à c. de miel

1. Passer les fruits à la centrifugeuse.
2. Verser dans un verre à long drink.
3. Bien mélanger avec le miel.
4. Allonger avec un peu d'eau plate ou gazeuse si nécessaire.
5. Décorer d'une tranche de kiwi.

BLOOD SWEET

- ❐ 2 tomates moyennes
- ❐ 1/4 de petit chou rouge
- ❐ 1 branche de céleri
- ❐ 1 pincée de sel non raffiné

1. Passer les légumes à la centrifugeuse.
2. Ajouter le sel, remuer et présenter dans un verre décoré d'une tranche de citron.

COCKTAIL AGRUMES

- ❐ 1 orange épluchée
- ❐ 1 mandarine épluchée
- ❐ 1/2 pamplemouse rose épluché
- ❐ 1/2 citron épluché
- ❐ 2 c. à c. de sucre complet

1. Passer les fruits à la centrifugeuse.
2. Verser dans un shaker avec le sucre complet.
3. Secouer et présenter dans un verre à orangeade.
4. Rallonger à l'eau gazeuse.

ESTIVAL

- ❐ 100 g de framboises
- ❐ 100 g de groseilles
- ❐ 100 g de cassis
- ❐ 1 c. à c. de sirop d'érable

1. Passer les fruits à la centrifugeuse.
2. Ajouter le sirop d'érable et bien mélanger.
3. Verser dans un verre à pied dans lequel vous aurez mis quelques framboises.

TEMPO

- [ ] **150 g de fraises**
- [ ] **100 g de cerises dénoyautées**
- [ ] **1/4 de citron épluché**
- [ ] **1 branche de rhubarbe**
- [ ] **1 c. à s. de sucre complet**

1. Passer les fruits à la centrifugeuse.
2. Verser dans un shaker et ajouter le sucre complet.
3. Verser dans un grand verre et présenter avec une paille.

TOMATOR

- [ ] **2 tomates moyennes**
- [ ] **1 carotte**
- [ ] **1 orange pelée**
- [ ] **quelques branches de persil**
- [ ] **graines de sésame grillées ou non**

1. Passer fruits, légumes et persil à la centrifugeuse.
2. Verser dans un verre à whisky et parsemer de graines de sésame.

TROPICANA

- ❑ **2 goyaves**
- ❑ **2 tranches d'ananas**
- ❑ **1 mangue épluchée**
- ❑ **1 litchi épluché**
- ❑ **lait de soja**

1. Passer goyaves, ananas et mangue à la centrifugeuse.
2. Verser dans un shaker et ajouter, selon vôtre goût, un peu de lait de soja.
3. Bien secouer.
4. Disposer le litchi dans un tumbler et verser le jus.
5. Présenter avec une paille.

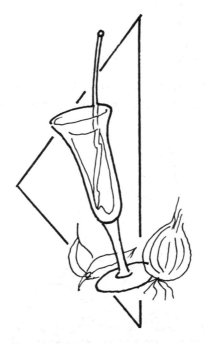

COCKTAILS ÉNERGÉTIQUES

AMERICANO

- ❐ 2 pêches
- ❐ 1 abricot
- ❐ 1 c. à c. de purée d'arachide
- ❐ 1 c. à c. de miel

1. Passer les fruits à la centrifugeuse.
2. Verser dans un shaker.
3. Ajouter la purée d'arachide et le miel.
4. Bien secouer.
5. Verser dans un grand verre et parsemer de quelques graines de sésame pilées.

GRAND A

- ❐ 2 abricots
- ❐ 1 banane épluchée
- ❐ 1/2 verre de lait d'amande
- ❐ 1 pincée de cannelle

1. Passer les fruits au mixer.
2. Verser dans un shaker et ajouter le lait de soja et la cannelle.
3. Filtrer et servir dans un grand verre.

NÉPAL

- ❒ 1 banane
- ❒ 1 yaourt nature ou 1 verre de lait caillé
- ❒ 1 c. à c. de sucre complet
- ❒ 2 feuilles de menthe

1. Passer la banane au mixer.
2. Dans un shaker, verser la banane, le lait caillé (ou yaourt) et le sucre complet.
3. Bien secouer.
4. Verser dans un tumbler.
5. Ajouter un peu d'eau et décorer de menthe finement ciselée.

POMME-CASSIS

- ❒ 200 g de cassis
- ❒ 1 pomme
- ❒ 1 c. à c. de purée de noisette
- ❒ 1 c. à c. de sucre complet

1. Passer les fruits à la centrifugeuse.
2. Dans un shaker, verser le jus et ajouter la purée de noisette et le sucre complet.
3. Servir avec une paille.

RAISINÉ

- ❒ 1 betterave rouge
- ❒ 1 petite grappe de raisin muscat
- ❒ quelques feuilles de chou

1. Passer légumes et fruits à la centrifugeuse.
2. Servir dans un grand verre.

COCKTAILS DÉPURATIFS

COTE OUEST

- ❏ **3 asperges**
- ❏ **2 carottes**
- ❏ **1/4 de céleri-rave**
- ❏ **1 gousse d'ail**
- ❏ **quelques brins de persil**
- ❏ **1 pincée de sel non raffiné**

1. Passer les légumes à la centrifugeuse.
2. Ajouter le sel, remuer et servir.
3. Décorer de persil ciselé.

GANDIN

- ❏ **1 petite courgette**
- ❏ **1/2 concombre**
- ❏ **1/2 oignon**
- ❏ **quelques feuilles de chou**
- ❏ **1 pincée de genièvre**
- ❏ **1 pincée de sel non raffiné**

1. Passer les légumes à la centrifugeuse.
2. Ajouter le sel et le genièvre.
3. Bien remuer.
4. Servir décoré d'une rondelle de citron.

SOLEIL VERT

- ❏ **1 pomme**
- ❏ **1 poire**
- ❏ **1/2 citron épluché**
- ❏ **1 c. à c. de noix en poudre**
- ❏ **1 c. à c. de miel**

1. Passer les fruits à la centrifugeuse.
2. Verser le jus dans un shaker.
3. Ajouter la poudre de noix et le miel.
4. Bien secouer avant de servir.

SYMPHONIE

- ❏ **200 g de fraises**
- ❏ **100 g de framboises**
- ❏ **1/2 melon**
- ❏ **1 c. à c. de levure en paillettes**
- ❏ **1 c. à c. de miel de romarin**

1. Passer les fruits à la centrifugeuse.
2. Dans un shaker, ajouter au jus la levure et le miel.
3. Bien mélanger et servir.

TURBAN

- ❏ **2 tomates**
- ❏ **1/2 concombre**
- ❏ **2 prunes**
- ❏ **1 pincée de paprika**

1. Passer légumes et fruits à la centrifugeuse.
2. Verser dans un tumbler.
3. Saupoudrer de paprika.

VÉSUVE

- ☐ 200 g de fraises
- ☐ 100 g de framboises
- ☐ 1 branche de rhubarbe
- ☐ 1 c. à s. de sucre complet

1. Passer les fruits à la centrifugeuse.
2. Ajouter le sucre complet et bien mélanger.

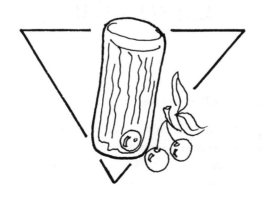

COCKTAILS RAFRAICHISSANTS

JIRA PANI

- ❑ 1 jus de citron
- ❑ 1 pincée de gingembre en poudre
- ❑ 1 pincée de cumin en poudre
- ❑ 1 pincée de garam massala
- ❑ 1 c. à s. de sucre complet

1. Dans un shaker, verser tous les ingrédients et y ajouter un verre d'eau fraîche.
2. Bien secouer et servir dans un verre à long drink décoré d'une rondelle de citron.

LASSI FRAISE

- ❑ 100 g de fraises
- ❑ 1/2 yaourt
- ❑ 1 c. à c. de miel
- ❑ 1 pincée de vanille en poudre

1. Passer les fraises au mixer avec le yaourt.
2. Y ajouter le miel et la vanille.
3. Bien remuer.
4. Compléter avec de l'eau fraîche.

MENTHOL

- ❏ 1/2 yaourt nature
- ❏ 1/2 citron épluché
- ❏ 1/2 pamplemousse épluché
- ❏ plusieurs feuilles de menthe

1. Passer les fruits à la centrifugeuse.
2. Dans un bol mixer, placer le jus, le yaourt et la menthe.
3. Bien homogénéiser.
4. Ajouter un peu d'eau fraîche si nécessaire.
5. Verser dans un grand verre et décorer d'une feuille de menthe.

NAMKIN LASSI

- ❏ 1 jus de citron
- ❏ 1 jus d'orange
- ❏ 1/2 yaourt nature
- ❏ 1 pincée de cumin en poudre
- ❏ 1 pincée de sel non raffiné

1. Verser tous les ingrédients dans un shaker et bien secouer.
2. Verser dans un verre à long drink et compléter éventuellement avec un peu d'eau fraîche.
3. Présenter après avoir saupoudré de cumin en poudre.

COCKTAILS FORTIFIANTS

BLIZZ

- ❑ 1 pêche
- ❑ 2 abricots
- ❑ 1 verre de lait de soja
- ❑ 1 c. à c. de miel
- ❑ 1 pincée de cannelle en poudre

1. Passer les fruits à la centrifugeuse.
2. Ajouter le lait de soja, le miel, la cannelle et bien remuer.
3. Servir dans un grand verre.

EXOTIC DRINK

- ❑ 1 verre de lait de soja
- ❑ 1 banane séchée
- ❑ 1 pincée de cannelle
- ❑ 1 pincée de gingembre
- ❑ 1 pincée de noix de muscade

1. Faire chauffer le lait.
2. Passer la banane au mixer.
3. Mélanger le lait, la banane et les épices.
4. Bien remuer et servir chaud.

LAIT DE POULE

- ☐ 1 jaune d'œuf
- ☐ 1 verre de lait de soja ou de lait caillé
- ☐ 1 c. à s. de sucre complet
- ☐ 1 pincée de vanille en poudre

1. Mettre dans un shaker, le lait, le jaune d'œuf, le sucre et la vanille.
2. Bien secouer et servir.

LAIT D'ORANGE

- ☐ 1 jaune d'œuf
- ☐ 1 orange
- ☐ 1 c. à s. de miel
- ☐ 1 c. à c. de germe de blé
- ☐ 1 pincée de cannelle en poudre

1. Passer l'orange épluchée à la centrifugeuse.
2. Dans un shaker, mettre l'orange, le jaune d'œuf, le miel et la cannelle.
3. Bien remuer et servir.

LASSI GROSEILLE

- ❒ **150 g de groseilles**
- ❒ **150 g de cassis**
- ❒ **1/2 yaourt**
- ❒ **1 c. à s. de sucre complet**
- ❒ **1 pincée de gingembre**

1. Passer les fruits à la centrifugeuse.
2. Dans un shaker, verser le jus.
3. Ajouter le yaourt, le sucre et le gingembre.
4. Bien remuer.
5. Ajouter un peu d'eau si nécessaire et servir.

LASSI SEPIA

- ❒ **1 verre de lait caillé**
- ❒ **5 abricots secs**
- ❒ **1 c. à c. de purée d'amande**
- ❒ **2 c. à c. de miel**
- ❒ **1 pincée de carvi en poudre**

1. Passer les abricots au mixer.
2. Dans un shaker, verser le lait caillé, ajouter les autres ingrédients.
3. Bien secouer.
4. Verser dans un grand verre et servir avec une paille.

MILK SHAKE COCO

- ❑ 1 banane
- ❑ 1 c. à s. de noix de coco râpée
- ❑ 1 verre de lait d'amande, d'arachide ou de noisette
- ❑ 1 c. à c. de germe de blé
- ❑ 1 c. à c. de miel
- ❑ 1 pincée de gingembre en poudre

1. Mettre tous les ingrédients dans un bol mixer.
2. Bien homogénéiser et servir aussitôt dans un grand verre.

MILK SHAKE A LA FRAMBOISE

- ❑ 100 g de framboises
- ❑ 1 c. à c. de purée d'amande
- ❑ 1 c. à c. de sève d'érable
- ❑ quelques gouttes de jus de citron

1. Mettre tous les ingrédients dans un bol mixer.
2. Ajouter un verre d'eau.
3. Bien mixer.
4. Servir aussitôt dans un verre à long drink avec une paille.

MILK SHAKE D'ÉTÉ

- ❑ 1 pêche
- ❑ 1 abricot
- ❑ 1/2 verre de lait de soja ou de lait d'amande
- ❑ 1 c. à c. de levure maltée
- ❑ 1 c. à s. de sucre complet
- ❑ 1 pincée de vanille en poudre

1. Mettre tous les ingrédients dans un bol mixer.
2. Bien homogénéiser.
3. Servir aussitôt dans un verre à long drink avec une paille.

SOUS-BOIS

- ☐ 1 verre de lait caillé
- ☐ 2 pruneaux dénoyautés
- ☐ 2 abricots secs
- ☐ 2 dattes dénoyautées
- ☐ 1 c. à c. de sucre complet
- ☐ 1 pincée de gingembre

1. Passer les fruits secs au mixer.
2. Dans un shaker, ajouter le lait caillé, le sucre complet et le gingembre.
3. Bien secouer et servir.

STAND UP

- ☐ 200 g de cassis
- ☐ 200 g de groseilles à maquereau
- ☐ 1 c. à c. de purée de noisettes
- ☐ 1 c. à c. de sucre complet

1. Passer les fruits à la centrifugeuse.
2. Ajouter la purée de noisettes et le sucre complet.
3. Bien remuer et servir.

COCKTAILS DIURÉTIQUES

AMER

- ❏ **1 petit radis noir**
- ❏ **1/2 concombre**
- ❏ **quelques feuilles de pissenlit**
- ❏ **1 pincée de thym en poudre**
- ❏ **1 pincée de sel non raffiné**

1. Passer les légumes à la centrifugeuse.
2. Ajouter le thym, le sel et bien remuer.

BEL AMI

- ❏ **2 carottes**
- ❏ **1/2 concombre**
- ❏ **1/2 oignon**
- ❏ **1 branche de céleri**
- ❏ **1 pincée de sel non raffiné**

1. Passer les légumes à la centrifugeuse.
2. Ajouter le thym, le sel et bien remuer.
3. Verser dans un verre à long drink.

COMTADINE

- ❐ **1 aubergine bien mûre**
- ❐ **1 pomme**
- ❐ **1 poire**
- ❐ **1/2 citron épluché**

1. Passer les fruits et l'aubergine à la centrifugeuse.
2. Verser dans un grand verre et décorer d'une feuille de menthe.

DJIRA

- ❐ **1 citron épluché**
- ❐ **1/2 concombre**
- ❐ **1/2 c. à c. de cumin en poudre**
- ❐ **1 pincée de sel non raffiné**

1. Passer citron et concombre à la centrifugeuse.
2. Ajouter le sel et le cumin.
3. Bien remuer et servir.
4. Ajouter de l'eau si nécessaire.

PRUNIL

- ☐ **3 prunes**
- ☐ **2 tranches d'ananas**
- ☐ **1/2 melon**
- ☐ **1 c. à c. d'amandes en poudre**
- ☐ **1 c. à c. de miel**

1. Passer les fruits à la centrifugeuse.
2. Verser le jus dans un shaker.
3. Ajouter la poudre d'amande et le miel.
4. Bien secouer.
5. Servir dans un verre à long drink décoré d'une tranche de kiwi.

ROSACE

- ☐ **200 g de cerises**
- ☐ **200 g de fraises**
- ☐ **1 c. à c. de sucre complet**

1. Passer les fruits à la centrifugeuse.
2. Ajouter le sucre complet.
3. Bien remuer avant de servir dans un verre à cocktail.

INDEX DES INDICATIONS PRINCIPALES

AÉROPHAGIE : citron, fenouil, genièvre.

ANÉMIE : abricot, ananas, betterave rouge, carotte, chou, citron, mandarine, orange, persil, pissenlit, poire, pomme, prune, raisin.

ARTÉRIOSCLÉROSE : ail, ananas, carotte, cerise, citron, myrtille, oignon, pomme, pissenlit, prune, tomate.

ASTHÉNIE : abricot, ananas, artichaut, carotte, cassis, céleri, citron, cresson, orange, persil, pomme, prune, raisin, tomate.

CELLULITE : artichaut, oignon, persil, pissenlit.

CIRRHOSE : citron, chou.

COLIBACILLOSE : myrtille, genièvre.

COLITE : carotte, chou, pêche.

CONSTIPATION : carotte, cerise, pomme, prune, pruneau, raisin, tomate.

CROISSANCE : abricot, carotte, cerise, chou, citron, mandarine, orange, persil, pomme.

DÉMINÉRALISATION : betterave rouge, carotte, chou, pomme, tomate.

DIABETE : ail, carotte, chou, cresson, oignon.

DIARRHÉE : ail, carotte, cassis, myrtille, persil.

DYSPEPSIE : ail, ananas, céleri, citron, mandarine, oignon, pamplemousse, pêche, persil, poire, pomme, radis noir, raifort.

FLATULENCES : ail, fenouil, oignon.

GOUTTE : ananas, carotte, cassis, cerise, concombre, oignon, poire, pomme, radis noir, tomate.

HYPERCHOLESTÉROLÉMIE : ail, artichaut, oignon, pomme.

HYPERTENSION : ail, citron, persil, poire, pomme.

INSOMNIE : poire, pomme, radis noir.

LACTATION : carotte, fenouil.

LITHIASE BILIAIRE : pissenlit, radis noir, tomate.

LITHIASE URINAIRE : concombre, cresson, pêche, pissenlit, poire, pomme, tomate.

NERVOSITÉ : abricot, betterave rouge, chou, mandarine, poire, pomme.

OBÉSITÉ : ananas, artichaut, céleri, cerise, citron, mandarine, orange, pamplemousse, pissenlit, poireau, pomme, raisin, tomate.

PROSTATISME : oignon.

RHUMATISMES : ananas, artichaut, betterave rouge, carotte, céleri, cerise, citron, concombre, pamplemousse, persil, pissenlit, pomme, prune, radis noir, raisin, tomate.

TROUBLES CIRCULATOIRES : cassis, citron, myrtille, orange.

TROUBLES GASTRIQUES : citron, fenouil, oignon.

TROUBLES HÉPATIQUES : betterave rouge, artichaut, pamplemousse, pissenlit, radis noir, raisin.

TROUBLES INTESTINAUX : carotte, chou, pêche.

TROUBLES RENAUX : betterave rouge, céleri, concombre, cresson, oignon, persil, pissenlit, poire, poireau, pomme.

ULCÈRE GASTRIQUE : carotte, chou.

VERS INTESTINAUX : ail, oignon.

TABLE DES MATIÈRES

Achevé d'imprimer par   Corlet, Imprimeur, S.A.
14110 Condé-sur-Noireau (France)
N° d'Imprimeur : 22288 - Dépôt légal : février 1997
Imprimé en C.E.E.